Der beste Dartspieler ist

____

Spielmodus: CRICKET

Anleitung:

- Pro Spielzug wirft jeder Spieler 3 Pfeile

- Um Punkte zu sammeln, muss der jeweilige Spieler als erster **dreimal** ein ausgewähltes Feld (20-15 + Bull) Treffen (und somit wird es „geöffnet")

- Ist ein Feld offen, dürfen Punkte gesammelt werden:

Eröffnen Schließen	Punkte	
| | |	|	20

- Ist beispielsweise die 20 geöffnet, gibt es pro Treffer auch 20 Punkte

- Es darf nur solange gepunktet werden, solange der Gegenspieler das gleiche Feld noch nicht „geöffnet" hat

- Spielende ist, sobald alle Felder geöffnet wurden (20-15 + Bullseye). Der Gewinner vom Spiel ist der, der die meiste Punktzahl vorweisen kann

Beispiel:

Max   - VS -   Peter

Eröffnen Schließen	Punkte		Punkte	Eröffnen Schließen
| | |	||	20		| | |
| | |	|	19		| | |
| | |		18	|||	| | |
| | |		17	||	| | |
| | |	||	16		| | |
| | |	|	15	|	| | |
| |		BULL	|	| | |
Summe	106		153	Summe

– VS –

_______________ | _______________

Eröffnen Schließen	Punkte		Punkte	Eröffnen Schließen
		20		
		19		
		18		
		17		
		16		
		15		
		BULL		
Summe				Summe

- VS -

____________________   ____________________

Eröffnen Schließen	Punkte		Punkte	Eröffnen Schließen
		20		
		19		
		18		
		17		
		16		
		15		
		BULL		
Summe				Summe

- VS -

Eröffnen Schließen	Punkte		Punkte	Eröffnen Schließen
		20		
		19		
		18		
		17		
		16		
		15		
		BULL		
Summe				Summe

- VS -

Eröffnen Schließen	Punkte		Punkte	Eröffnen Schließen
		20		
		19		
		18		
		17		
		16		
		15		
		BULL		
Summe				Summe

– VS –

Eröffnen Schließen	Punkte		Punkte	Eröffnen Schließen
		20		
		19		
		18		
		17		
		16		
		15		
		BULL		
Summe				Summe

- VS -

Eröffnen Schließen	Punkte		Punkte	Eröffnen Schließen
		20		
		19		
		18		
		17		
		16		
		15		
		BULL		
Summe				Summe

- VS -

Eröffnen Schließen	Punkte		Punkte	Eröffnen Schließen
		20		
		19		
		18		
		17		
		16		
		15		
		BULL		
Summe				Summe

- VS -

Eröffnen Schließen	Punkte		Punkte	Eröffnen Schließen
		20		
		19		
		18		
		17		
		16		
		15		
		BULL		
Summe				Summe

- VS -

Eröffnen Schließen	Punkte		Punkte	Eröffnen Schließen
		20		
		19		
		18		
		17		
		16		
		15		
		BULL		
Summe				Summe

- VS -

Eröffnen Schließen	Punkte		Punkte	Eröffnen Schließen
		20		
		19		
		18		
		17		
		16		
		15		
		BULL		
Summe				Summe

- VS -

Eröffnen Schließen	Punkte		Punkte	Eröffnen Schließen
		20		
		19		
		18		
		17		
		16		
		15		
		BULL		
Summe				Summe

- VS -

Eröffnen Schließen	Punkte		Punkte	Eröffnen Schließen
		20		
		19		
		18		
		17		
		16		
		15		
		BULL		
Summe				Summe

– VS –

Eröffnen Schließen	Punkte		Punkte	Eröffnen Schließen
		20		
		19		
		18		
		17		
		16		
		15		
		BULL		
Summe				Summe

- VS -

_______________________   _______________________

Eröffnen Schließen	Punkte		Punkte	Eröffnen Schließen
		20		
		19		
		18		
		17		
		16		
		15		
		BULL		
Summe				Summe

- VS -

_______________________   _______________________

Eröffnen Schließen	Punkte		Punkte	Eröffnen Schließen
		20		
		19		
		18		
		17		
		16		
		15		
		BULL		
Summe				Summe

- VS -

Eröffnen Schließen	Punkte		Punkte	Eröffnen Schließen
		20		
		19		
		18		
		17		
		16		
		15		
		BULL		
Summe				Summe

- VS -

Eröffnen Schließen	Punkte		Punkte	Eröffnen Schließen
		20		
		19		
		18		
		17		
		16		
		15		
		BULL		
Summe				Summe

- VS -

Eröffnen Schließen	Punkte		Punkte	Eröffnen Schließen
		20		
		19		
		18		
		17		
		16		
		15		
		BULL		
Summe				Summe

- VS -

Eröffnen Schließen	Punkte		Punkte	Eröffnen Schließen
		20		
		19		
		18		
		17		
		16		
		15		
		BULL		
Summe				Summe

- VS -

Eröffnen Schließen	Punkte		Punkte	Eröffnen Schließen
		20		
		19		
		18		
		17		
		16		
		15		
		BULL		
Summe				Summe

- VS -

Eröffnen Schließen	Punkte		Punkte	Eröffnen Schließen
		20		
		19		
		18		
		17		
		16		
		15		
		BULL		
Summe				Summe

- VS -

Eröffnen Schließen	Punkte		Punkte	Eröffnen Schließen
		20		
		19		
		18		
		17		
		16		
		15		
		BULL		
Summe				**Summe**

- VS -

Eröffnen Schließen	Punkte		Punkte	Eröffnen Schließen
		20		
		19		
		18		
		17		
		16		
		15		
		BULL		
Summe				Summe

- VS -

Eröffnen Schließen	Punkte		Punkte	Eröffnen Schließen
		20		
		19		
		18		
		17		
		16		
		15		
		BULL		
Summe				Summe

- VS -

Eröffnen Schließen	Punkte		Punkte	Eröffnen Schließen
		20		
		19		
		18		
		17		
		16		
		15		
		BULL		
Summe				Summe

- VS -

Eröffnen Schließen	Punkte		Punkte	Eröffnen Schließen
		20		
		19		
		18		
		17		
		16		
		15		
		BULL		
Summe				Summe

– VS –

Eröffnen Schließen	Punkte		Punkte	Eröffnen Schließen
		20		
		19		
		18		
		17		
		16		
		15		
		BULL		
Summe				Summe

- VS -

Eröffnen Schließen	Punkte		Punkte	Eröffnen Schließen
		20		
		19		
		18		
		17		
		16		
		15		
		BULL		
Summe				Summe

– VS –

_______________________   _______________________

Eröffnen Schließen	Punkte		Punkte	Eröffnen Schließen
		20		
		19		
		18		
		17		
		16		
		15		
		BULL		
Summe				Summe

- VS -

Eröffnen Schließen	Punkte		Punkte	Eröffnen Schließen
		20		
		19		
		18		
		17		
		16		
		15		
		BULL		
Summe				Summe

– VS –

_________________   _________________

Eröffnen Schließen	Punkte		Punkte	Eröffnen Schließen
		20		
		19		
		18		
		17		
		16		
		15		
		BULL		
Summe				Summe

- VS -

Eröffnen Schließen	Punkte		Punkte	Eröffnen Schließen
		20		
		19		
		18		
		17		
		16		
		15		
		BULL		
Summe				Summe

– VS –

______________________   ______________________

Eröffnen Schließen	Punkte		Punkte	Eröffnen Schließen
		20		
		19		
		18		
		17		
		16		
		15		
		BULL		
Summe				Summe

- VS -

Eröffnen Schließen	Punkte		Punkte	Eröffnen Schließen
		20		
		19		
		18		
		17		
		16		
		15		
		BULL		
Summe				Summe

**- VS -

Eröffnen Schließen	Punkte		Punkte	Eröffnen Schließen
		20		
		19		
		18		
		17		
		16		
		15		
		BULL		
Summe				Summe

$$- \text{VS} -$$

Eröffnen Schließen	Punkte		Punkte	Eröffnen Schließen
		20		
		19		
		18		
		17		
		16		
		15		
		BULL		
Summe				Summe

Eröffnen Schließen	Punkte		Punkte	Eröffnen Schließen
		20		
		19		
		18		
		17		
		16		
		15		
		BULL		
Summe				Summe

- VS -

Eröffnen Schließen	Punkte		Punkte	Eröffnen Schließen
		20		
		19		
		18		
		17		
		16		
		15		
		BULL		
Summe				Summe

– VS –

Eröffnen Schließen	Punkte		Punkte	Eröffnen Schließen
		20		
		19		
		18		
		17		
		16		
		15		
		BULL		
Summe				Summe

- VS -

Eröffnen Schließen	Punkte		Punkte	Eröffnen Schließen
		20		
		19		
		18		
		17		
		16		
		15		
		BULL		
Summe				**Summe**

- VS -

Eröffnen Schließen	Punkte		Punkte	Eröffnen Schließen
		20		
		19		
		18		
		17		
		16		
		15		
		BULL		
Summe				Summe

Eröffnen Schließen	Punkte		Punkte	Eröffnen Schließen
		20		
		19		
		18		
		17		
		16		
		15		
		BULL		
Summe				Summe

- VS -

Eröffnen Schließen	Punkte		Punkte	Eröffnen Schließen
		20		
		19		
		18		
		17		
		16		
		15		
		BULL		
Summe				Summe

- VS -

Eröffnen Schließen	Punkte		Punkte	Eröffnen Schließen
		20		
		19		
		18		
		17		
		16		
		15		
		BULL		
Summe				Summe

- VS -

Eröffnen Schließen	Punkte		Punkte	Eröffnen Schließen
		20		
		19		
		18		
		17		
		16		
		15		
		BULL		
Summe				Summe

- VS -

Eröffnen Schließen	Punkte		Punkte	Eröffnen Schließen
		20		
		19		
		18		
		17		
		16		
		15		
		BULL		
Summe				Summe

- VS -

Eröffnen Schließen	Punkte		Punkte	Eröffnen Schließen
		20		
		19		
		18		
		17		
		16		
		15		
		BULL		
Summe				Summe

- VS -

Eröffnen Schließen	Punkte		Punkte	Eröffnen Schließen
		20		
		19		
		18		
		17		
		16		
		15		
		BULL		
Summe				Summe

Eröffnen Schließen	Punkte		Punkte	Eröffnen Schließen
		20		
		19		
		18		
		17		
		16		
		15		
		BULL		
Summe				Summe

- VS -

Eröffnen Schließen	Punkte		Punkte	Eröffnen Schließen
		20		
		19		
		18		
		17		
		16		
		15		
		BULL		
Summe				Summe

- VS -

Eröffnen Schließen	Punkte		Punkte	Eröffnen Schließen
		20		
		19		
		18		
		17		
		16		
		15		
		BULL		
Summe				Summe

- VS -

Eröffnen Schließen	Punkte			Punkte	Eröffnen Schließen
		20			
		19			
		18			
		17			
		16			
		15			
		BULL			
Summe					Summe

$$- \text{VS} -$$

Eröffnen Schließen	Punkte		Punkte	Eröffnen Schließen
		20		
		19		
		18		
		17		
		16		
		15		
		BULL		
Summe				Summe

- VS -

Eröffnen Schließen	Punkte		Punkte	Eröffnen Schließen
		20		
		19		
		18		
		17		
		16		
		15		
		BULL		
Summe				Summe

- VS -

Eröffnen Schließen	Punkte		Punkte	Eröffnen Schließen
		20		
		19		
		18		
		17		
		16		
		15		
		BULL		
Summe				Summe

- VS -

Eröffnen Schließen	Punkte		Punkte	Eröffnen Schließen
		20		
		19		
		18		
		17		
		16		
		15		
		BULL		
Summe				Summe

- VS -

_______________________   _______________________

Eröffnen Schließen	Punkte		Punkte	Eröffnen Schließen
		20		
		19		
		18		
		17		
		16		
		15		
		BULL		
Summe				Summe

- VS -

Eröffnen Schließen	Punkte		Punkte	Eröffnen Schließen
		20		
		19		
		18		
		17		
		16		
		15		
		BULL		
Summe				Summe

$$- \text{VS} -$$

Eröffnen Schließen	Punkte		Punkte	Eröffnen Schließen
		20		
		19		
		18		
		17		
		16		
		15		
		BULL		
Summe				Summe

- VS -

Eröffnen Schließen	Punkte		Punkte	Eröffnen Schließen
		20		
		19		
		18		
		17		
		16		
		15		
		BULL		
Summe				**Summe**

- VS -

Eröffnen Schließen	Punkte		Punkte	Eröffnen Schließen
		20		
		19		
		18		
		17		
		16		
		15		
		BULL		
Summe				Summe

- VS -

Eröffnen Schließen	Punkte		Punkte	Eröffnen Schließen
		20		
		19		
		18		
		17		
		16		
		15		
		BULL		
Summe				**Summe**

- VS -

Eröffnen Schließen	Punkte		Punkte	Eröffnen Schließen
		20		
		19		
		18		
		17		
		16		
		15		
		BULL		
Summe				Summe

- VS -

Eröffnen Schließen	Punkte		Punkte	Eröffnen Schließen
		20		
		19		
		18		
		17		
		16		
		15		
		BULL		
Summe				Summe

- VS -

Eröffnen Schließen	Punkte		Punkte	Eröffnen Schließen
		20		
		19		
		18		
		17		
		16		
		15		
		BULL		
Summe				Summe

		- VS -		
Eröffnen Schließen	Punkte		Punkte	Eröffnen Schließen
		20		
		19		
		18		
		17		
		16		
		15		
		BULL		
Summe				Summe

- VS -

Eröffnen Schließen	Punkte		Punkte	Eröffnen Schließen
		20		
		19		
		18		
		17		
		16		
		15		
		BULL		
Summe				Summe

- VS -

Eröffnen Schließen	Punkte		Punkte	Eröffnen Schließen
		20		
		19		
		18		
		17		
		16		
		15		
		BULL		
Summe				Summe

– VS –

Eröffnen Schließen	Punkte		Punkte	Eröffnen Schließen
		20		
		19		
		18		
		17		
		16		
		15		
		BULL		
Summe				Summe

- VS -

Eröffnen Schließen	Punkte		Punkte	Eröffnen Schließen
		20		
		19		
		18		
		17		
		16		
		15		
		BULL		
Summe				Summe

- VS -

Eröffnen Schließen	Punkte		Punkte	Eröffnen Schließen
		20		
		19		
		18		
		17		
		16		
		15		
		BULL		
Summe				Summe

- VS -

Eröffnen Schließen	Punkte		Punkte	Eröffnen Schließen
		20		
		19		
		18		
		17		
		16		
		15		
		BULL		
Summe				Summe

- VS -

Eröffnen Schließen	Punkte		Punkte	Eröffnen Schließen
		20		
		19		
		18		
		17		
		16		
		15		
		BULL		
Summe				Summe

- VS -

Eröffnen Schließen	Punkte		Punkte	Eröffnen Schließen
		20		
		19		
		18		
		17		
		16		
		15		
		BULL		
Summe				Summe

- VS -

______________   ______________

Eröffnen Schließen	Punkte		Punkte	Eröffnen Schließen
		20		
		19		
		18		
		17		
		16		
		15		
		BULL		
Summe				Summe

- VS -

Eröffnen Schließen	Punkte		Punkte	Eröffnen Schließen
		20		
		19		
		18		
		17		
		16		
		15		
		BULL		
Summe				Summe

- VS -

Eröffnen Schließen	Punkte		Punkte	Eröffnen Schließen
		20		
		19		
		18		
		17		
		16		
		15		
		BULL		
Summe				**Summe**

- VS -

Eröffnen Schließen	Punkte		Punkte	Eröffnen Schließen
		20		
		19		
		18		
		17		
		16		
		15		
		BULL		
Summe				Summe

- VS -

Eröffnen Schließen	Punkte		Punkte	Eröffnen Schließen
		20		
		19		
		18		
		17		
		16		
		15		
		BULL		
Summe				Summe

- VS -

_______________________   _______________________

Eröffnen Schließen	Punkte		Punkte	Eröffnen Schließen
		20		
		19		
		18		
		17		
		16		
		15		
		BULL		
Summe				Summe

- VS -

Eröffnen Schließen	Punkte		Punkte	Eröffnen Schließen
		20		
		19		
		18		
		17		
		16		
		15		
		BULL		
Summe				Summe

- VS -

Eröffnen Schließen	Punkte		Punkte	Eröffnen Schließen
		20		
		19		
		18		
		17		
		16		
		15		
		BULL		
Summe				Summe

– VS –

_______________________ _______________________

Eröffnen Schließen	Punkte		Punkte	Eröffnen Schließen
		20		
		19		
		18		
		17		
		16		
		15		
		BULL		
Summe				Summe

- VS -

Eröffnen Schließen	Punkte		Punkte	Eröffnen Schließen
		20		
		19		
		18		
		17		
		16		
		15		
		BULL		
Summe				Summe

- VS -

__________________   __________________

Eröffnen Schließen	Punkte		Punkte	Eröffnen Schließen
		20		
		19		
		18		
		17		
		16		
		15		
		BULL		
Summe				Summe

- VS -

Eröffnen Schließen	Punkte		Punkte	Eröffnen Schließen
		20		
		19		
		18		
		17		
		16		
		15		
		BULL		
Summe				Summe

- VS -

Eröffnen Schließen	Punkte		Punkte	Eröffnen Schließen
		20		
		19		
		18		
		17		
		16		
		15		
		BULL		
Summe				Summe

- VS -

Eröffnen Schließen	Punkte		Punkte	Eröffnen Schließen
		20		
		19		
		18		
		17		
		16		
		15		
		BULL		
Summe				Summe

- VS -

Eröffnen / Schließen	Punkte		Punkte	Eröffnen / Schließen
		20		
		19		
		18		
		17		
		16		
		15		
		BULL		
Summe				**Summe**

- VS -

Eröffnen Schließen	Punkte		Punkte	Eröffnen Schließen
		20		
		19		
		18		
		17		
		16		
		15		
		BULL		
Summe				Summe

- VS -

______________   ______________

Eröffnen Schließen	Punkte		Punkte	Eröffnen Schließen
		20		
		19		
		18		
		17		
		16		
		15		
		BULL		
Summe				Summe

$$- \text{VS} -$$

Eröffnen Schließen	Punkte		Punkte	Eröffnen Schließen
		20		
		19		
		18		
		17		
		16		
		15		
		BULL		
Summe				Summe

- VS -

Eröffnen Schließen	Punkte		Punkte	Eröffnen Schließen
		20		
		19		
		18		
		17		
		16		
		15		
		BULL		
Summe				Summe

- VS -

Eröffnen Schließen	Punkte		Punkte	Eröffnen Schließen
		20		
		19		
		18		
		17		
		16		
		15		
		BULL		
Summe				Summe

- VS -

Eröffnen Schließen	Punkte		Punkte	Eröffnen Schließen
		20		
		19		
		18		
		17		
		16		
		15		
		BULL		
Summe				Summe

- VS -

Eröffnen Schließen	Punkte		Punkte	Eröffnen Schließen
		20		
		19		
		18		
		17		
		16		
		15		
		BULL		
Summe				Summe

- VS -

Eröffnen Schließen	Punkte		Punkte	Eröffnen Schließen
		20		
		19		
		18		
		17		
		16		
		15		
		BULL		
Summe				Summe

- VS -

Eröffnen / Schließen	Punkte		Punkte	Eröffnen / Schließen
		20		
		19		
		18		
		17		
		16		
		15		
		BULL		
Summe				Summe

- VS -

Eröffnen Schließen	Punkte		Punkte	Eröffnen Schließen
		20		
		19		
		18		
		17		
		16		
		15		
		BULL		
Summe				Summe

- VS -

Eröffnen Schließen	Punkte		Punkte	Eröffnen Schließen
		20		
		19		
		18		
		17		
		16		
		15		
		BULL		
Summe				Summe

- VS -

Eröffnen Schließen	Punkte		Punkte	Eröffnen Schließen
		20		
		19		
		18		
		17		
		16		
		15		
		BULL		
Summe				Summe

- VS -

Eröffnen Schließen	Punkte		Punkte	Eröffnen Schließen
		20		
		19		
		18		
		17		
		16		
		15		
		BULL		
Summe				Summe

- VS -

Eröffnen Schließen	Punkte		Punkte	Eröffnen Schließen
		20		
		19		
		18		
		17		
		16		
		15		
		BULL		
Summe				Summe

- VS -

Eröffnen Schließen	Punkte		Punkte	Eröffnen Schließen
		20		
		19		
		18		
		17		
		16		
		15		
		BULL		
Summe				Summe

- VS -

________________________   ________________________

Eröffnen Schließen	Punkte		Punkte	Eröffnen Schließen
		20		
		19		
		18		
		17		
		16		
		15		
		BULL		
Summe				Summe

- VS -

Eröffnen Schließen	Punkte		Punkte	Eröffnen Schließen
		20		
		19		
		18		
		17		
		16		
		15		
		BULL		
Summe				Summe

- VS -

Eröffnen Schließen	Punkte		Punkte	Eröffnen Schließen
		20		
		19		
		18		
		17		
		16		
		15		
		BULL		
Summe				Summe

- VS -

Eröffnen / Schließen	Punkte		Punkte	Eröffnen / Schließen
		20		
		19		
		18		
		17		
		16		
		15		
		BULL		
Summe				Summe

- VS -

Eröffnen Schließen	Punkte		Punkte	Eröffnen Schließen
		20		
		19		
		18		
		17		
		16		
		15		
		BULL		
Summe				Summe

- VS -

Eröffnen Schließen	Punkte		Punkte	Eröffnen Schließen
		20		
		19		
		18		
		17		
		16		
		15		
		BULL		
Summe				Summe

- VS -

Eröffnen Schließen	Punkte		Punkte	Eröffnen Schließen
		20		
		19		
		18		
		17		
		16		
		15		
		BULL		
Summe				Summe

- VS -

Eröffnen Schließen	Punkte		Punkte	Eröffnen Schließen
		20		
		19		
		18		
		17		
		16		
		15		
		BULL		
Summe				Summe

- VS -

Eröffnen Schließen	Punkte		Punkte	Eröffnen Schließen
		20		
		19		
		18		
		17		
		16		
		15		
		BULL		
Summe				Summe

- VS -

Eröffnen Schließen	Punkte		Punkte	Eröffnen Schließen
		20		
		19		
		18		
		17		
		16		
		15		
		BULL		
Summe				Summe

- VS -

Eröffnen Schließen	Punkte		Punkte	Eröffnen Schließen
		20		
		19		
		18		
		17		
		16		
		15		
		BULL		
Summe				Summe

- VS -

Eröffnen Schließen	Punkte		Punkte	Eröffnen Schließen
		20		
		19		
		18		
		17		
		16		
		15		
		BULL		
Summe				Summe

Hinweise, Rechtliches und Impressum:

Wir sind um die Richtigkeit und Aktualität der in diesem Buch bereitgestellten Informationen bemüht. Trotzdem können Fehler und Unklarheiten nicht vollständig ausgeschlossen werden. Wir übernehmen deshalb keine Gewähr für die Aktualität, Richtigkeit, Vollständigkeit oder Qualität der bereitgestellten Informationen.

Für Schäden materieller oder immaterieller Art, die durch die Nutzung oder Nichtnutzung der dargebotenen Informationen bzw. durch die Nutzung fehlerhafter und unvollständiger Informationen unmittelbar oder mittelbar verursacht werden, haften wir nicht, sofern mir nicht nachweislich vorsätzliches oder grob fahrlässiges Verschulden zur Last fällt.

Für Hinweise auf Fehler oder Unklarheiten sind wir dankbar, um sie in künftigen Ausgaben zu beseitigen. Texte und Grafiken dieses Buches sind urheberrechtlich geschützt. Grundsätzlich ist das Kopieren, Reproduzieren oder Verbreiten zu kommerziellen und nicht kommerziellen Zwecken untersagt. Es ist daher nicht erlaubt, dieses Buch weiter zu verkaufen, zu versenden, es in Tauschbörsen oder auf anderen Wegen zu verteilen. Vielen Dank für Deinen Kauf und viel Spaß beim Lesen.

1.Auflage

IMPRESSUM

Daniel Keller
Im Pfarrweiher 16
92637 Weiden

EMail: contact@dkdesign.xyz
Umsatzsteueridentifikationsnummer gemäß
§ 27a Umsatzsteuergesetz:
DE 312151841